Couverture inférieure manquante

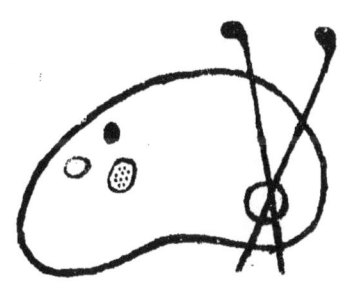

Début d'une série de documents en couleur

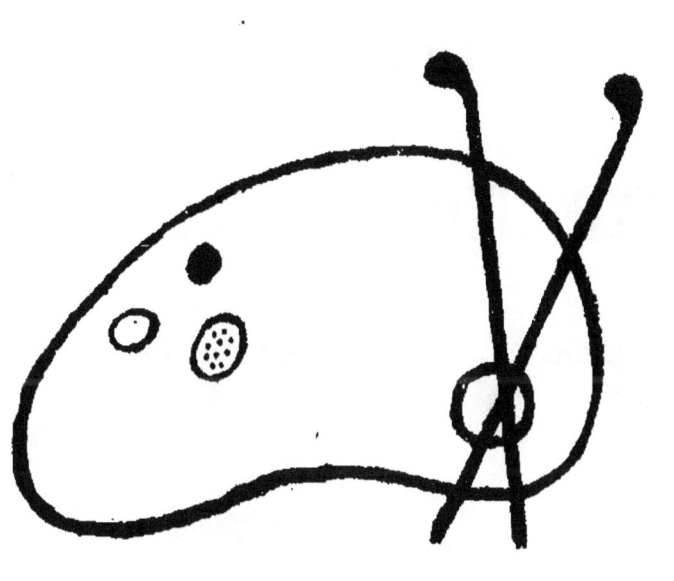

Fin d'une série de documents en couleur

NOTICE HISTORIQUE

SUR LA

COLLECTION DE MANUSCRITS

DE LA

BIBLIOTHÈQUE PUBLIQUE DE GRENOBLE

PARIS. TYPOGRAPHIE DE E. PLON, NOURRIT ET Cie
RUE GARANCIÈRE, 8.

NOTICE HISTORIQUE

SUR LA

COLLECTION DE MANUSCRITS

DE LA

BIBLIOTHÈQUE PUBLIQUE DE GRENOBLE

PAR

PAUL FOURNIER

PROFESSEUR A LA FACULTÉ DE DROIT DE GRENOBLE

PARIS

TYPOGRAPHIE DE E. PLON, NOURRIT ET Cie

RUE GARANCIÈRE, 8

1889

NOTICE HISTORIQUE

SUR LA COLLECTION DE MANUSCRITS

DE LA

BIBLIOTHÈQUE PUBLIQUE DE GRENOBLE

I

La collection des manuscrits de la Bibliothèque publique de Grenoble se divise naturellement en trois catégories : 1° les manuscrits provenant de la bibliothèque de Jean de Caulet, évêque de Grenoble [1]; 2° les manuscrits provenant des établissements religieux supprimés par les lois de la période révolutionnaire; 3° les manuscrits provenant de libéralités faites à la Bibliothèque par des particuliers depuis la Révolution ou acquis à titre onéreux par l'administration de la Bibliothèque.

Le présent travail, consacré à l'histoire sommaire de la collection des manuscrits de Grenoble, se trouve donc, par la force des choses, divisé en trois chapitres. Le premier sera consacré aux manuscrits de Jean de Caulet; le second, aux manuscrits des établissements religieux; le troisième, aux acquisitions nouvelles réalisées depuis la Révolution.

[1] Entre la constitution de la Bibliothèque et la Révolution, il n'est entré qu'un petit nombre de manuscrits. Les manuscrits présents à la Bibliothèque antérieurement à l'époque révolutionnaire et désignés dans le présent catalogue sous le nom d'ancien fonds, ont donc presque tous appartenu à la bibliothèque de Jean de Caulet. Ceux qui sont entrés dans la collection après la mort de Jean de Caulet, mais avant la Révolution, portent les numéros 753, 757, 765 à 771, 773, 774, 784, 806, 912, 919, 920, 963, 1255. Plusieurs de ces manuscrits ont été légués à la Bibliothèque par Joseph-Claude Raby, dit l'Américain, ancien marchand, qui s'occupa de recherches scientifiques et littéraires. Cf. Edm. MAIGNIEN, *la Bibliothèque de Grenoble et ses premiers bibliothécaires*. Grenoble, in-8°, p. 19, s. d. — Le testament de Raby est daté du 17 avril 1779.

1

I. — LES MANUSCRITS DE JEAN DE CAULET.

Jean de Caulet, qui, au XVIIIe siècle, occupa le siège épiscopal de Grenoble pendant plus de quarante ans, s'était composé une des plus belles bibliothèques de son temps : elle comptait près de trente-quatre mille volumes. A sa mort, survenue le 27 septembre 1771, plusieurs notables habitants de Grenoble ouvrirent une souscription publique pour conserver cette collection à leur ville : ils y réussirent, grâce au concours empressé de leurs concitoyens, à la libéralité du Roi et des princes de la famille royale [1], et aussi à la générosité de M. de Grammont, héritier de Jean de Caulet, qui consentit à céder les livres de son parent à un prix inférieur à leur valeur réelle. « Le 29 juillet 1772, André Faure, imprimeur du Roi, se présenta, au nom des souscripteurs, à la barre de la Chambre des comptes, où la bibliothèque de Caulet lui fut adjugée pour 45,000 livres. » Vers la même époque, « les avocats, qui avaient fourni près de 2,500 livres à la souscription, y ajoutèrent le don de leur bibliothèque, ouverte au public depuis 1748 dans une des salles de l'Hôtel de ville [2] ». Quelques années plus tard, en 1777, lorsque l'Ordre de Saint-Antoine fut réuni à l'Ordre de Malte, les Antonins, dont le principal établissement se trouvait en Dauphiné, donnèrent à la ville de Grenoble leur bibliothèque en même temps que leurs collections. Ainsi fut fondée la Bibliothèque publique de Grenoble; l'honneur de cette création revient, non pas à l'action de l'administration, mais à l'intelligente initiative des particuliers [3].

On ne se propose pas de tracer ici l'histoire de cette Bibliothèque, mais seulement de détacher l'histoire de la collection des manuscrits, dont l'origine se confond avec celle de la Biblio-

---

[1] A. CHAMPOLLION-FIGEAC, *Chroniques dauphinoises : Les États du Dauphiné et la Révolution, 1788-1794*. 1887, in-8°, p. 116.

[2] A. PRUDHOMME, *Histoire de Grenoble*. Grenoble, 1888, in-8°, p. 553-554.

[3] Consulter sur la fondation de la Bibliothèque, GARIEL, *Statistique historique de la Bibliothèque de Grenoble*. Paris-Grenoble, 1878, in-8°, p. 1-5 et *passim*.

thèque. En effet, si les avocats ne possédaient point de manuscrits, si les Antonins ne paraissent avoir donné à la ville de Grenoble aucun manuscrit précieux, en revanche, il s'en trouvait un grand nombre dans la bibliothèque de Jean de Caulet : ils devinrent le noyau de la collection des manuscrits de Grenoble.

L'évêque de Grenoble appartenait à une famille considérable, dont les membres remplissaient depuis deux siècles au moins d'importantes fonctions en Languedoc. Beaucoup avaient siégé au parlement de Toulouse; le père de Jean, Guillaume de Caulet, avait été président à mortier à ce parlement; la même charge appartint plus tard à son frère Joseph de Caulet, qui mourut le 27 juillet 1742; un de ses grands-oncles était mort en 1680 évêque de Pamiers [1]. Il n'y a donc point lieu de s'étonner de ce que de nombreux documents manuscrits, concernant le Languedoc et en particulier le parlement de Toulouse, aient pris place dans la collection de l'évêque de Grenoble. Tout porte à croire que ces documents lui vinrent pour la plupart de ses parents qui, depuis si longtemps, servaient dans cette province l'Église ou la royauté.

Mais c'est surtout par des acquisitions personnelles que Jean de Caulet forma sa bibliothèque. Si, dans les vingt dernières années de sa vie, son goût pour les manuscrits semble se ralentir, on peut dire que, dans les vingt-cinq premières années de son épiscopat (de 1726 à 1750), il se tient au courant des ventes de livres et ne néglige point les occasions d'en acquérir; c'est alors en réalité qu'il constitue sa riche collection [2]. Sans avoir

---

[1] Le futur évêque de Grenoble, Jean de Caulet, naquit à Toulouse, le 7 avril 1693, et fut baptisé, le 8 avril, à l'église Saint-Étienne. Il était fils de Guillaume de Caulet et d'Anne de Noël. Je dois ce renseignement, ainsi que diverses autres indications sur la famille de Caulet, à l'obligeance de mon confrère M. Antoine Thomas, professeur à la Faculté des lettres de Toulouse. On peut consulter sur cette famille, DU MÈGE, *Histoire des institutions de la ville de Toulouse*, t. III, p. 301. Mais les indications que fournit cet ouvrage à propos de la famille Caulet ne sont pas toujours d'une rigoureuse exactitude.

[2] Peut-être, dès 1721, a-t-il acheté des manuscrits à la vente de la bibliothèque de Desmarets, marquis de Maillebois, secrétaire d'Etat : au moins les n°* 682 et 1022 de notre catalogue, qui ont appartenu à Jean de Caulet, proviennent de cette bibliothèque. — L'évêque de Grenoble fit quelques acquisitions à la vente

la prétention d'énumérer toutes les sources de la collection des manuscrits qu'il sut réunir, je me borne à indiquer les plus importantes des bibliothèques dont il recueillit des épaves :

1° Bibliothèque de Charles de Pradel, évêque de Montpellier, mort en 1696. Les manuscrits provenant de cette bibliothèque portent un *ex-libris* écrit à la main. J'ignore comment ils parvinrent à Jean de Caulet.

2° Bibliothèque de Dominique-Barnabé de Turgot de Saint-Clair, évêque de Séez, mort en 1727. Cette bibliothèque fut vendue en l'année 1730 [1].

3° Bibliothèque de Charles Le Goux de la Berchère, archevêque de Narbonne. Cette bibliothèque passa à René-François de Beauvau, aussi archevêque de Narbonne; elle fut enfin vendue en juillet 1741 [2].

4° Bibliothèque d'Adrien Maillart, avocat au parlement de Paris, mort en 1741. C'était un jurisconsulte renommé pour son érudition, notamment dans les matières de droit ecclésiastique et coutumier : on sait qu'il a donné une édition, enrichie de commentaires, de l'ancien coutumier d'Artois. Les familles et les établissements religieux du nord de la France formaient une partie considérable de sa clientèle, comme le prouve la composition des dossiers de son cabinet, qui, entrés dans la bibliothèque de Jean de Caulet, sont maintenant conservés à la Bibliothèque de Grenoble. La vente des livres d'Adrien Maillart eut lieu en 1743 [3].

partielle de la bibliothèque de Colbert, à laquelle fit procéder, en 1728, Charles-Éléonor Colbert, comte de Seignelay. Comme on ne vendit que des imprimés, je n'ai pas à mentionner cette bibliothèque parmi celles qui fournirent à Caulet des manuscrits. Mais les achats que fit alors Jean de Caulet expliquent la présence, à la Bibliothèque de Grenoble, de bon nombre de volumes reliés aux armes de Colbert.

[1] Le catalogue en fut publié, en 1730, par Gabriel Martin. Paris, in-12. Plusieurs des manuscrits qui y furent acquis par Jean de Caulet avaient appartenu à Louis d'Aquin, évêque de Séez, mort en 1710, avant de devenir la propriété de Turgot, successeur immédiat de Louis d'Aquin. — Consulter sur ces personnages et ceux qui suivent, GUIGARD, *Armorial du bibliophile;* sur Louis d'Aquin, voir les *Mémoires* de Saint-Simon (édit. de Boislisle), t. I, p. 286, note 2.

[2] Catalogue en deux volumes in-8°, publiés à Toulouse, en 1741, chez Cazanove.

[3] Le catalogue en fut publié par C. Osmont, 1743, in-8°.

5° Bibliothèque de l'abbé Jean-Paul Bignon, bibliothécaire du Roi, mort le 14 mars 1743 [1].

6° Bibliothèque de Gaspard de Vintimille du Luc, archevêque d'Aix, puis archevêque de Paris, mort en 1746. Cette bibliothèque fut vendue en 1746 [2].

7° Bibliothèque de Charles d'Orléans, abbé de Rothelin, mort le 17 juillet 1744 [3]. Cette bibliothèque fut vendue au mois d'avril 1746. Jean de Caulet en suivit la vente de très près; en marge de son exemplaire du catalogue, encore conservé à la Bibliothèque de Grenoble, sont mentionnés les prix d'adjudication de chaque article. L'évêque de Grenoble se rendit lui-même acquéreur d'un certain nombre d'ouvrages; parmi les manuscrits qu'il acheta lors de cette vente, il faut citer un recueil, en treize volumes, de chartes, titres et états concernant les bénéfices ecclésiastiques du Cotentin et d'autres lieux de Normandie, qui avait d'abord appartenu à l'intendant Nicolas Foucault [4].

8° Bibliothèque de Claude Expilly, célèbre magistrat du parlement de Grenoble, qui mourut en 1636. En 1660, la bibliothèque d'Expilly appartenait à sa petite-fille, Isabeau de Chaponay [5], mariée à Pierre-Louis de Veynes, seigneur du Prayet, conseiller au parlement de Grenoble, auquel elle légua « l'usage des livres de la bibliothèque du feu président Expilly [6] ». Au XVIII° siècle, il arriva sans doute que les héritiers d'Isabeau de

---

[1] Sur Bignon, cf. L. DELISLE, *le Cabinet des manuscrits*, t. I, p. 484. — Bignon paraît avoir vendu ses livres de son vivant.

[2] Le catalogue en fut publié par Gabriel Martin, 1746, in-8°.

[3] Le catalogue en fut publié par Gabriel Martin, 1746, in-8°. — Sur l'abbé de Rothelin, descendant de Dunois, cf. L. DELISLE, *le Cabinet des manuscrits*, t. I, p. 378, et GUIGARD, *Armorial du bibliophile*, p. 42.

[4] N°s 1390-1402. Nicolas Foucault, intendant de la généralité de Montauban, mourut en 1720. Il paraît avoir aussi possédé l'*Histoire latine du diocèse de Coutances*, par Toustain de Billy, que nous retrouvons dans notre catalogue sous le n° 1168. Cf. GUIGARD, *op. cit.*, p. 42. — Au nombre des manuscrits venant de la bibliothèque de l'abbé de Rothelin, voyez les n°s 132, 303, 509, 555, 1027, 1271, 1281, 1286, 1291.

[5] Elle en avait hérité de sa mère, la présidente de Brion, fille unique d'Expilly. Cf. LA BATIE, *Armorial du Dauphiné*, p. 211.

[6] E. MAIGNIEN, *la Bibliothèque de Grenoble et ses premiers bibliothécaires*, p. 41-42.

Chaponay vendirent à Jean de Caulet une partie des livres et des manuscrits de leur aïeul : c'est ainsi que l'évêque de Grenoble entra en possession de divers manuscrits remarquables, et notamment du célèbre recueil de poésies de Charles d'Orléans, encore conservé à la Bibliothèque de Grenoble [1].

9° Bibliothèque de Jean-François de Ponnat, baron de Gresse, président au parlement de Grenoble (il vivait encore en 1727). Ce magistrat paraît avoir réuni dans sa collection les livres de plusieurs membres de sa famille [2]. Il n'a pas été possible de préciser les circonstances par suite desquelles Jean de Caulet put acquérir divers manuscrits importants provenant de la collection de Ponnat : par exemple, la traduction de la Bible de Raoul de Presles [3], un manuscrit de l'*Aurora*, de Pierre Riga [4], un manuscrit des chroniques de France [5], etc.

Aucune idée exclusive ne paraît avoir dirigé Jean de Caulet dans la composition de sa collection. Sans doute, on y rencontre, comme il faut s'y attendre, bon nombre de manuscrits théologiques et canoniques; sans doute, les documents sur l'organisation et l'histoire de l'Église de France et de ses assemblées y tiennent une place considérable; mais on y trouve aussi un grand nombre de pièces intéressantes pour l'histoire civile aussi bien que pour l'histoire littéraire de notre pays. D'ailleurs, Jean de Caulet n'était pas seulement un curieux et un érudit : il aimait les manuscrits artistiques, les belles miniatures, les riches décorations. C'est ainsi qu'il sut réunir la remarquable série des livres d'heures qui sont le joyau de la Bibliothèque de Grenoble : il faudrait citer encore le manuscrit des commentaires de S. Thomas d'Aquin sur la métaphysique d'Aristote, relique précieuse de la bibliothèque du roi Ferdinand Ier de Naples [6], puis un exemplaire du Roman de la Rose, illustré de nombreux des-

---

[1] N° 873.
[2] La Batie, *Armorial du Dauphiné*, p. 538 et suiv.
[3] N° 42.
[4] N° 48.
[5] N° 1005.
[6] N° 344.

sius¹, quelques manuscrits soigneusement exécutés² des poètes français du XIVᵉ et du XVᵉ siècle, au premier rang desquels se distingue l'exemplaire déjà signalé des poésies de Charles d'Orléans³ ; enfin, des manuscrits à décorations tricolores suivant la mode parisienne en usage au temps de Charles V⁴. A part de très rares exceptions, ceux des manuscrits de la Bibliothèque de Grenoble qui peuvent être considérés comme des œuvres de luxe proviennent de la collection de Jean de Caulet.

II. — Les manuscrits des établissements religieux supprimés a la Révolution.

En exécution des lois de l'époque révolutionnaire, les bibliothèques des couvents de la ville de Grenoble furent séquestrées par l'Administration : des volumes qui les composaient, les uns furent vendus, les autres versés dans la Bibliothèque publique. Aussi trouvera-t-on dans notre catalogue quelques numéros représentant les bibliothèques des Capucins⁵, des Carmes⁶, des Dominicains⁷, des Oratoriens⁸, des Récollets⁹, tous établis à Grenoble, lors de la Révolution, et aussi celle du prieuré qu'occupaient, à Saint-Robert, village voisin de Grenoble, les religieux de l'abbaye de la Chaise-Dieu¹⁰. De toutes ces communautés, la plus riche, ou pour parler plus exactement, la moins pauvre en manuscrits, paraît avoir été le couvent des Domini-

---

[1] Nº 864 : 88 dessins à la plume, relevés de teintes plates.
[2] Nᵒˢ 871, 874, 875, etc.
[3] Ce manuscrit fut réclamé pour la « Bibliothèque centrale de la République », par une lettre du ministre de l'intérieur, François de Neufchâteau, datée du 20 pluviôse an VII. Étienne Ducros, alors bibliothécaire, sut esquiver l'exécution de cet ordre et conserver ce manuscrit à la collection de Grenoble. Voir la lettre du ministre, publiée par Edm. MAIGNIEN, *la Bibliothèque de Grenoble et ses premiers bibliothécaires*, p. 40.
[4] Par exemple, nº 42.
[5] Nº 172.
[6] Nº 726.
[7] Nᵒˢ 359, 460, 478, 481, 539, 587, 722, 735, 977.
[8] Nᵒˢ 280, 352, 472, 511, 577, 716, 890.
[9] Nº 136.
[10] Nº 153.

cains; parmi les manuscrits qui en proviennent, il en est plusieurs qui présentent un certain intérêt. Cependant la confiscation des bibliothèques des maisons religieuses n'aurait que médiocrement accru la collection des manuscrits de Grenoble, si la Bibliothèque publique n'avait été appelée à hériter d'un établissement fameux dans l'histoire de l'Église : je veux parler du monastère de la Grande-Chartreuse. Incontestablement, les manuscrits de ce monastère constituent, tant par leur nombre que par leur qualité, l'élément capital du cabinet des manuscrits de Grenoble; aussi n'a-t-il pas paru inutile d'esquisser ici l'histoire de cette célèbre collection [1].

La bibliothèque de la Grande-Chartreuse dut naître en même temps que le monastère, c'est-à-dire à la fin du XIe siècle. L'abbé Guibert de Nogent, qui mourut en 1124, décrit dans son autobiographie le premier monastère de la Grande-Chartreuse, celui qu'une avalanche devait détruire quelques années plus tard. Après avoir dépeint la vie misérable des ermites, il ajoute : « Quoiqu'ils se mortifient par une pauvreté absolue, ils amassent une bibliothèque très riche; moins ils éprouvent le besoin du pain matériel, plus ardemment ils travaillent à se procurer la nourriture qui ne passe point, mais demeure à jamais [2]. »

La réputation de la bibliothèque de la Chartreuse n'était pas usurpée; comme le prouvent les coutumes rédigées en 1127, par le cinquième prieur, Guigues, si les Chartreux purent l'enrichir, ce fut en se faisant eux-mêmes copistes et relieurs. Tout religieux possédait dans sa cellule les instruments indispensables pour écrire; les coutumes considéraient la transcription des

---

[1] Je résume et je complète la *Notice sur la bibliothèque de la Grande-Chartreuse au moyen âge*, que j'ai publiée dans le t. XXI du *Bulletin de l'Académie Delphinale*, année 1886. Grenoble, 1887, in-8°. Cette notice est suivie du texte d'un catalogue de la bibliothèque, rédigé à la Grande-Chartreuse vers l'an 1500; c'est le plus ancien inventaire de la bibliothèque cartusienne. — A diverses reprises, au cours de ces études, j'ai dû recourir à l'obligeance de plusieurs des RR. PP. Chartreux qui s'occupent activement de l'histoire de leur Ordre. Jamais je n'ai fait en vain appel à leurs lumières; je tiens à leur en exprimer toute ma gratitude.

[2] GUIBERT DE NOGENT, *De vita sua*. *Patrol. latine*, t. CLVI, c. 854.

livres comme une œuvre pie. Guigues s'exprime en ces termes :
« Autant de livres nous écrivons, autant nous mettons au jour
de hérauts de la vérité; aussi attendons-nous du Seigneur une
récompense pour tous ceux que nos livres auront retirés de
l'erreur ou fait progresser dans la vérité catholique [1]. » Ces
livres que l'on transcrivait avec tant de peine, on les conservait
avec grand soin; si chaque religieux avait la faculté de garder
deux volumes dans sa cellule, c'était à charge de les préserver
de toute souillure. Là-dessus, Bernard, prieur de la chartreuse
de Portes, fait écho à Guigues : « Veillez, dit-il, à conserver les
livres qui vous seront prêtés, et à ne les laisser souiller ni par
la fumée, ni par la poussière, ni par aucune autre impureté. »
Ces sages prescriptions seront répétées au XIIIe siècle, par les
statuts des Chartreux, dits *Statuta antiqua*. On y conseille
encore de considérer les livres comme « l'éternelle nourriture
des âmes des religieux »; on recommande de les traiter avec
soin, on rappelle que ceux qui se présenteraient au monastère
sans savoir écrire devraient être formés à l'art de l'écriture;
on détermine les instruments que doit posséder chaque religieux
pour pouvoir, dans sa cellule, vaquer à la copie des manuscrits;
on donne des préceptes spéciaux aux religieux chargés de relier
les livres de la communauté [2].

C'est qu'en réalité, dès le XIIe siècle, on se préoccupait beaucoup de livres à la Grande-Chartreuse. Ces préoccupations se manifestent clairement dans la correspondance du prieur Guigues avec Pierre le Vénérable, abbé de Cluny. Pierre écrit au prieur de Chartreuse : « Comme vous me l'avez demandé, je vous ai envoyé les vies de S. Grégoire de Nazianze et de S. Chrysostome et le livre de S. Ambroise contre Symmaque..... Je n'ai

---

[1] *Consuetudines Guigonis*, c. xxviii, dans *Patrol. latine*, t. CLIII, c. 694.

[2] *Statuta antiqua*, pars II[a], cap. xvi et xviii. (Voir l'édition imprimée à Bâle, en 1510, au temps où François du Puy était général de l'Ordre.) Sur les soins que l'on donnait aux livres dans les chartreuses, consulter la publication toute récente : *Informatorium bibliothecarii Cartusiensis domus Vallis Beatae Margarethae in Basilea minori*, ex autographo fratris Georgii Carpentarii in bibliotheca Basileensi asservato, nunc primum edidit Ludovicus Sieber. Bâle, in-8°, 22 pages.

point ajouté à cet envoi le traité de S. Hilaire sur les Psaumes, parce que j'ai trouvé dans notre manuscrit les mêmes fautes que dans le vôtre. Si toutefois vous le voulez, écrivez-le-moi, et je vous l'enverrai. Comme vous savez, nous n'avons pas l'ouvrage de Prosper contre Cassien; mais, pour nous le procurer, nous avons envoyé à Saint-Jean d'Angély, en Aquitaine, et nous enverrons encore, s'il le faut. Adressez-nous, s'il vous plaît, le plus grand manuscrit des Épîtres de S. Augustin, qui, au début, contient les lettres du saint Docteur à S. Jérôme et celles que S. Jérôme lui a écrites; car, par accident, dans une de nos obédiences, un ours a dévoré la plus grande partie de notre manuscrit de cet ouvrage [1]. » Ainsi, compléter leurs collections, améliorer leurs textes des Pères, telles sont les préoccupations communes à l'abbé de Cluny et au prieur de Chartreuse. Les relations de Pierre le Vénérable avec la Chartreuse se poursuivirent après la mort de Guigues, survenue en 1137; une des lettres de l'abbé de Cluny nous le montre prêtant au prieur Basile des manuscrits de S. Ambroise, et, suivant l'usage, lui en demandant un reçu. On se prêtait des livres d'un monastère de Chartreux à un monastère de Cluny, comme de nos jours on s'en prête d'une Université à une autre Université. Parfois, l'emprunteur les gardait trop longtemps, ce qui excitait les justes réclamations du propriétaire; ainsi, vers le même temps, le prieur de la chartreuse de Meyriat réclame instamment à Pierre le Vénérable deux manuscrits de gloses sur l'Évangile de S. Jean et sur l'Évangile de S. Matthieu, qui avaient été prêtés, depuis plus de vingt ans, à un moine de Cluny.

La bibliothèque de la Chartreuse, une fois créée, augmenta rapidement. Je me borne à signaler les accroissements dont j'ai retrouvé la trace.

Le premier don qui mérite d'être mentionné émane d'un prince de la maison de Savoie. Boniface, l'un des fils de Tho-

---

[1] PIERRE LE VÉNÉRABLE, *Epistolae*, I, 24, dans Migne, *Patrol. latine*, t. CLXXXIX, et *Bibliotheca Cluniacensis*, col. 653. Cf. L. DELISLE, *Inventaire du fonds de Cluny, conservé à la Bibliothèque nationale*, p. x.

mas Ier, et le frère des comtes qui se succédèrent en Savoie pendant une grande partie du XIIIe siècle, était de bonne heure entré à la Chartreuse; mais il ne tarda pas à quitter le cloître pour suivre la carrière ecclésiastique. Grâce à l'influence de sa famille, qui déjà cherchait à remplir de ses membres les évêchés du voisinage, Boniface obtint d'abord l'église de Belley, puis, en 1243, à l'époque où les faveurs de leur neveu, le roi Henri III, permettaient aux princes de Savoie de jouer un rôle important en Angleterre, Boniface fut nommé archevêque de Cantorbéry, au grand déplaisir de la noblesse et du clergé anglais. En quittant la Chartreuse, il avait donné au monastère un exemplaire des *Moralia* de S. Grégoire; maintenant il lui envoie l'ensemble des livres de la Bible. Le prieur Hugues l'en remercia par une lettre dont le texte a été reproduit par Guichenon, dans son histoire de la maison de Savoie [1].

En 1276 ou en 1277, le prieur de Chartreuse, Pierre de Montinhac, se fait envoyer, pour la bibliothèque de son monastère, un certain nombre de manuscrits conservés à la chartreuse de Glandier [2] : entre autres, une Bible portative, les Décrétales avec l'*Apparatus*, la Somme de Geoffroi de Trani sur les Décrétales, les grandes Concordances, l'ouvrage de Frère Bonaventure *de Exemplis* (?), des Sommes *de Vitiis et Virtutibus* et la Somme dominicale de Guillaume Perault [3], et divers autres ouvrages indiqués d'une manière moins précise. Ainsi la Grande-Chartreuse se reconnaît le droit de compléter sa bibliothèque au détriment des bibliothèques des autres chartreuses; c'est ainsi que plus tard, à la fin du XVIIe siècle, elle s'appropriera un bon nombre des manuscrits de la chartreuse de Portes.

En 1321, un religieux, dom Étienne, lors de sa profession, offrit au monastère l'ouvrage connu sous le nom de *Compendium theologicae veritatis*, qui a été attribué à Albert le Grand. Il porte,

---

[1] *Histoire de la royale maison de Savoie*, t. IV, p. 58 (8 novembre 1250).

[2] *La chartreuse de Glandier en Limousin*, par un religieux de la maison (dom Cyprien-Marie Boutrais). Neuville-sous-Montreuil, 1886, in-8°, p. 63.

[3] Sans doute ses *Sermones dominicales*. Cf. Quétif et Echard, *Scriptores ordinis Praedicatorum*, t. II, p. 134.

dans le catalogue de la Bibliothèque de Grenoble, le n° 288.

En 1419, la bibliothèque de la Chartreuse s'enrichit de plusieurs ouvrages par la libéralité d'un novice, autrefois jurisconsulte, Jean Autier, clerc du diocèse de Limoges et docteur en décrets. Au moment de faire profession, il offrit au monastère un bel exemplaire des *Moralia* de S. Grégoire sur Job qu'il avait lui-même acheté des Chartreux d'Avignon; il y joignit un volume de S. Bernard et un volume de sermons. Le manuscrit de S. Grégoire porte actuellement le n° 222 de la Bibliothèque de Grenoble; je n'ai pu retrouver les deux autres ouvrages. Autier ne s'en tint pas là et ajouta à ses libéralités un manuscrit juridique contenant la Somme de Geoffroi de Trani, sur les Décrétales, et le célèbre ouvrage de Jean de Deo, intitulé *Cavillationes* : c'est le n° 479 de la Bibliothèque de Grenoble; de plus, il donna à la Chartreuse les œuvres de Nicolas de Lyre, en trois volumes, qu'il avait achetées au prix de trois cents écus.

La fin du XV° siècle apporta à la Chartreuse une libéralité plus importante. Aucun bibliophile ne traverse la grande salle de la Bibliothèque de Grenoble sans y admirer l'exemplaire du *Catholicon*, de Jean de Gênes, imprimé en 1460, dont la reliure à elle seule mériterait l'attention des amateurs. Cet ouvrage, avec d'autres incunables et divers manuscrits, fut offert à la Chartreuse, vers 1475, par un homme qui, après s'être fait, en Allemagne, une certaine réputation dans les lettres et la politique, vint, lui aussi, finir sa vie parmi les disciples de S. Bruno : je veux parler de Laurent Blumenau, docteur en l'un et l'autre droit, chanoine du diocèse d'Ermeland, auditeur de rote, chargé d'affaires et historien de l'ordre Teutonique et conseiller de divers princes allemands.

J'ai raconté ailleurs [1] la vie de ce personnage, issu d'une

---

[1] Voir la *Notice sur la bibliothèque de la Grande-Chartreuse au moyen âge*. Consulter sur Laurent Blumenau : Georg Voigt, *Laurentius Blumenau, Geschaeftstraeger und Geschichtschreiber des Deutschen Ritterordens*, tiré des *Neuen Preussischen Provinzial-Blaetter*, dritte Folge (1860), t. IV, p. 242 et suiv.; Max Toeppen, *Die Geschichtsquellen der Preussischen Vorzeit bis zum Untergange der Ordenherrschaft*, dans les *Scriptores rerum Prussicarum*, t. IV

famille bourgeoise de Prusse qui, de 1445 à 1470, passe successivement au service de l'ordre Teutonique, du duc Sigismond de Tyrol et de l'archevêque de Salzbourg. Il était l'un de ces nombreux juristes dont l'influence fut si grande dans l'Allemagne du XVe siècle : hommes de naissance obscure, possédant, avec une certaine culture intellectuelle, une expérience consommée des affaires politiques, qui, sous le nom de conseillers ou de chanceliers, gouvernaient les innombrables principautés de l'Empire pour le compte des souverains, ecclésiastiques ou laïques, dont ils étaient les premiers et indispensables valets : serviteurs bons à tout faire, changeant de maître au gré de leur intérêt ou de leur ambition, ils vivaient aux dépens de l'aristocratie allemande, qu'ils aidaient d'ailleurs à vivre et à gouverner. Ce n'est point que leur carrière, souvent lucrative, fût exempte de difficultés ou de périls : il fallait parfois se résigner à subir le contre-coup des infortunes du maître ou accomplir pour son compte des besognes désagréables ou dangereuses ; ainsi Blumenau, d'abord ruiné par la guerre désastreuse que soutint l'ordre Teutonique contre la ligue prussienne et le roi de Pologne, se trouva plus tard engagé, au service de Sigismond de Tyrol, dans une lutte ardente contre la cour romaine, si bien que le zèle dont il fit preuve pour le service du duc lui valut une sentence d'excommunication de la part de Pie II, en même temps que les invectives des défenseurs du clergé. Blumenau paraît avoir supporté assez philosophiquement ces revers : c'était un principe fondamental de sa conduite qu'il faut servir les princes, parce que les princes sont la source de tout honneur et de toute fortune ; aussi voue-t-il à chacun de ses maîtres une égale fidélité

(1870), p. 35 et suiv.; un passage d'un article de Wattenbach, intitulé : *Hartmann Schedel als Humanist*, dans les *Forschungen zur Deutschen Geschichte*, t. XI (1871), p. 353 et suiv. Des lettres de Blumenau se trouvent dans les manuscrits latins de la Bibliothèque royale de Munich, n°s 459, 466, 522; voir l'étude de Wattenbach et le *Catalogus codicum manuscriptorum Bibl. regiae Monacensis*. Munich, 1868, t. I, § 1er. Le fragment d'histoire de l'ordre Teutonique, écrit par Blumenau, se trouve dans le volume des *Scriptores rerum Prussicarum* cité plus haut. On peut consulter aussi sur ce personnage l'article qui lui est consacré dans la *Deutsche Biographie*; je crois Blumenau inconnu des bibliographes cartusiens.

et les sert-il honnêtement, sans porter sans doute un intérêt plus profond à l'un qu'à l'autre, se guidant par cette maxime que l'on peut recueillir dans une lettre qu'il adressa, en 1455, au cardinal d'Augsbourg : *Utar temporali omni terra quasi patria*.

En dépit des vicissitudes d'une vie agitée, Laurent Blumenau n'avait jamais négligé la culture des lettres; ses nombreux voyages à travers l'Allemagne et l'Italie l'avaient mis en relation avec beaucoup d'érudits. A Rome, il avait fréquenté la cour de Nicolas V, le protecteur éclairé des littérateurs et des artistes. En Allemagne, il avait su gagner la protection d'un lettré, Pierre de Schaumbourg, cardinal d'Augsbourg; on peut d'ailleurs, à cette époque, constater à Augsbourg l'existence d'un mouvement littéraire assez vif.

La Bibliothèque royale de Munich conserve encore le témoignage des relations d'amitié qu'entretint Blumenau avec un bibliophile bien connu, le médecin Hermann Schedel, d'Augsbourg, oncle d'Hartmann Schedel, le célèbre humaniste. Blumenau appartenait au petit groupe d'amis dont Hermann était le centre, et qui mettaient un grand zèle à cultiver les lettres et à recueillir les œuvres de l'antiquité. Une de ses lettres, écrite d'Innsbruck, en 1461, au fort des luttes de Sigismond de Tyrol contre Nicolas de Cusa, montre qu'il ne perdait pas le souvenir de ses amitiés littéraires : « Salue de ma part, dit-il à Hermann, le doyen, le gardien, Louis Menting et les autres frères et sœurs de notre congrégation[1]. » Louis Menting était un patricien d'Augsbourg; la congrégation n'était point une association de clercs, mais une compagnie de lettrés.

Membre de cette compagnie, Blumenau ne négligea aucun moyen de rendre service à ses associés. Il ne se contenta point d'acquérir pour lui-même, en Italie et ailleurs, outre les manuscrits d'œuvres juridiques nécessaires à sa profession, un bon nombre de manuscrits littéraires où étaient contenues notamment les œuvres de Virgile, d'Horace, de Lucain, de Boëce et des

---

[1] Voir l'article de Wattenbach, cité plus haut, p. 353.

historiens latins; il se mit lui-même et mit sa bibliothèque à la disposition de ses amis. C'est ainsi qu'il prend dans sa collection les *Res gestae populi Romani* de Sextius Rufus, pour les envoyer à Hermann Schedel : « J'espère que cet ouvrage vous plaira, ajoute-t-il en lui adressant ce livre, car il vous donnera une intelligence plus facile de Salluste, des Commentaires de César, de Cornelius Nepos, de Priscus, de Tacite, de Suétone, de Justin, de Josèphe, d'Orose, et des autres historiens anciens et modernes... Si la main du scribe vous plaît, je le chargerai d'exécuter un Orose[1]. » Dans une autre lettre, Blumenau annonce qu'il possède de nombreux écrits d'auteurs classiques, inconnus à beaucoup d'érudits; il les met à la disposition de Schedel pour le cas où son ami serait désireux d'en faire exécuter des copies. En revanche, Blumenau voudrait faire copier la traduction de la Cyropédie par le Pogge; que Schedel veuille bien chercher à Augsbourg un scribe intelligent et ne rien épargner pour le trouver. Il y avait entre ces érudits comme une sorte d'association mutuelle; chacun d'eux aidait ses confrères à enrichir leurs bibliothèques respectives.

Cependant ni la politique ni les lettres ne donnaient satisfaction à Blumenau. De tout temps il avait aimé les idées générales sur les destinées de l'homme, sur le néant des choses humaines; peu à peu, il semble plus frappé de la vanité universelle. En 1468, il écrit à son vieil ami Schedel, usé par la goutte, une lettre où il s'efforce de le ramener à des sentiments meilleurs. « Le temps est passé pour lui de se laisser séduire par des joues vermeilles, des dents d'ivoire et des yeux clairs; maintenant il faut songer à la rapidité avec laquelle Pluton l'entraînera dans les flots de l'Achéron et, bientôt, devant Radamanthe. » C'est sous ce déguisement mythologique que Blumenau, en bon humaniste, cache les pensées austères qui bientôt le détermineront lui-même à une complète conversion.

Le premier protecteur de Laurent, le grand maître de l'ordre Teutonique, Conrad de Erliczhausen, avait donné des preuves

---

[1] Ms. lat. de la Bibliothèque royale de Munich, n° 522.

éclatantes de sa sympathie pour l'Ordre des Chartreux; en 1440, il avait fondé la chartreuse de Schiefelbein, en Prusse. Ainsi, dès les premières années de sa vie active, l'attention de Laurent avait dû être attirée sur les disciples de S. Bruno. Trente ans après, il se ressouvint sans doute de ses premières impressions; quand il voulut quitter le monde, c'est à la porte de la Chartreuse qu'il vint frapper. Nous n'avons pas de renseignements sur les incidents qui, de ce politique doublé d'un lettré, firent un religieux fervent; nous savons seulement qu'il fit profession à la Grande-Chartreuse et qu'il y avait déposé un testament, brûlé plus tard, dans l'incendie qui dévora le couvent en 1473. Alors, avec la permission du prieur, il rédigea de nouveau ses volontés dernières; il y distribuait une partie de ses biens à des parents de Prusse et ordonnait un certain nombre de legs pieux.

A la Grande-Chartreuse, Blumenau se flattait sans doute de vivre dans le recueillement et dans l'étude; peut-être espérait-il employer à la culture des sciences sacrées ses talents de lettré et de juriste [1]. En tout cas, s'il avait espéré trouver au désert le repos absolu, il s'était singulièrement mépris : les dignités de l'Ordre vinrent bien vite le chercher. Blumenau fut prieur de la chartreuse d'Avignon et visiteur de la province cartusienne de Provence; d'après des témoignages contemporains, il se fit remarquer dans ces fonctions par un grand amour de la justice, que peut-être il devait à ses études juridiques d'autrefois.

En 1482, Blumenau était encore prieur de la chartreuse d'Avignon; vers cette époque, ses fonctions cessèrent, et Blumenau retourna à la Grande-Chartreuse, où il mourut le jour de Noël de l'année 1483 [2]. Par son testament, fait lors de son entrée en religion, il avait attribué à la Grande-Chartreuse plusieurs des livres les plus précieux de sa bibliothèque; tous les ouvrages

---

[1] Il écrivit alors un traité dont un fragment se retrouve dans le manuscrit de Grenoble, n° 298; c'est une nomenclature des péchés que l'on peut commettre par la parole, avec des citations du Décret à l'appui. Ce fragment est tiré *ex commento domini Laurentii de Blumenau, cartusiensis.*

[2] Je dois ce renseignement à l'obligeante érudition de dom Palémon Bastin, religieux chartreux de Parksminster (Angleterre).

qui viennent de lui se reconnaissent facilement à ce signe : ils portent l'*ex-libris* : *Liber magistri Laurentii doctoris*, avec un écu *d'argent à la bande de sable, accompagnée de deux têtes de Mores*. La Bibliothèque de Grenoble, héritière de celle de la Chartreuse, conserve les manuscrits suivants, qui proviennent de Laurent Blumenau : les Novelles de Jean André sur les Décrétales [1], en deux volumes ; la Somme du même auteur sur le quatrième livre des Décrétales ; son Apparat sur les Clémentines ; un commentaire sur la constitution *Execrabilis* [2], etc. ; le *Speculum juris* de Guillaume Durant, évêque de Mende, l'un des canonistes les plus répandus au moyen âge [3] ; un manuscrit de Virgile [4] ; enfin un manuscrit d'Orose, contenant en outre le texte si souvent reproduit au moyen âge des sept merveilles du monde [5]. Ces deux derniers manuscrits sont du XVᵉ siècle.

Les libéralités de Blumenau furent bientôt dépassées par un don plus splendide encore. L'un des bibliophiles les plus connus du Dauphiné à la fin du XVᵉ siècle était François du Puy, d'abord official de Valence, puis official de Grenoble au temps de l'évêque Laurent Allemand. A Grenoble, du Puy avait fait preuve de ses qualités d'érudit et de son goût pour les recherches et les classifications : il avait établi l'inventaire des archives de l'évêché [6], et, après avoir accompagné Laurent Allemand dans la visite de toutes les paroisses du diocèse (sauf à Villard-Reculas, où la fatigue et l'inexpérience de la montagne ne lui permirent pas de suivre l'évêque), il avait rédigé, en 1497, le pouillé du diocèse de Grenoble [7]. Quelques années plus tard, vers 1500, François du

---

[1] Nᵒˢ 485 et 486.
[2] Nᵒ 489.
[3] Nᵒ 484.
[4] Nᵒ 856.
[5] Nᵒ 983.
[6] Voir cet inventaire aux Archives départementales de l'Isère, série G, fonds de l'évêché de Grenoble. Cf. abbé BELLET, *Notice historique sur Aymon Iᵉʳ de Chissé*, p. 108 ; abbé U. CHEVALIER, *Visites d'Aymon de Chissé*, p. 16 ; MARION, *Cartulaires de l'église de Grenoble*, p. 73.
[7] Cf. un article de M. l'abbé U. CHEVALIER, dans la *Revue critique d'histoire et de littérature*, 15 janvier 1870.

Puy quitta le monde pour se retirer à la Grande-Chartreuse; bientôt il y fut élevé à la charge de prieur et gouverna l'Ordre jusqu'à sa mort, survenue en 1521 [1]. Son gouvernement marque une période brillante pour les Chartreux; du Puy obtint la canonisation du fondateur de l'Ordre, releva de ses ruines la chartreuse de Calabre où S. Bruno était mort, fit procéder à une nouvelle revision des statuts et recueillir la législation cartusienne dans un beau volume imprimé à Bâle par Amerbach. Lui-même ne négligea point l'etude : il a laissé une *Vie de saint Bruno* et une *Chaîne sur les Psaumes*.

La bibliothèque cartusienne prit alors une importance extrême, car François du Puy lui apporta son admirable collection de manuscrits et d'incunables. Pour juger de la richesse de cette collection, il suffira de savoir que, maintenant encore après les dévastations qu'a subies, au XVI° et au XVII° siècle, la bibliothèque de la Chartreuse, on conserve à Grenoble sept manuscrits et environ soixante-quinze incunables, dont beaucoup en plusieurs volumes, qui proviennent de la bibliothèque de l'ancien official de Grenoble. Les ouvrages de droit y dominent, mais on y rencontre assez d'ouvrages de théologie, de philosophie, de belles-lettres et d'histoire, pour constater la largeur de vues et l'activité intelligente de l'homme qui sut les réunir.

Les ouvrages qui ont appartenu à François du Puy sont faciles à reconnaître. Tous sont soigneusement marqués de son nom et de ses armes, qui étaient *d'argent, à trois cœurs posés deux et un, au chef d'azur chargé de trois couronnes d'or*. Parfois du Puy a indiqué par une note l'origine des ouvrages qui figuraient dans sa bibliothèque; partout on sent la main du bibliophile qui traitait ses livres avec amour. On peut citer parmi les manuscrits de du Puy que nous possédons encore :

Un Apparat de Jean André sur les *Clémentines*, suivi d'un recueil des Constitutions de Jean XXII [2]; les commentaires d'An-

---

[1] La biographie détaillée de François du Puy est encore à faire : ce sujet mériterait de tenter quelque bibliophile dauphinois.

[2] N° 488.

toine de Butrio sur les Décrétales [1] ; le commentaire de Zabarella sur le troisième livre des Décrétales [2] ; l'Apparat de Gui de Baisio sur le Sexte [3] ; un très intéressant recueil de mémoires sur le grand schisme [4]. Ces mémoires sont presque tous dirigés contre les propositions faites en 1395 par l'Université de Paris, pour rétablir l'union de l'Église par voie de cession ; ils émanent de prélats du midi de la France, appartenant à l'entourage de l'antipape Benoît XIII.

Avec Blumenau et du Puy, nous sommes arrivés à l'âge de l'imprimerie où le manuscrit, remplacé par le livre, n'a plus d'importance qu'autant qu'il prend le caractère de pièce d'archives, de mémoires privés ou de correspondances intimes. Aussi semble-t-il fort peu utile d'énumérer les divers accroissements que reçoit la collection de manuscrits de la Chartreuse du XVIe au XVIIIe siècle ; je ne ferai d'exception que pour une seule acquisition, à raison de son importance considérable.

La chartreuse de Portes, au diocèse de Lyon, était célèbre, dès le XIIe siècle, pour les précieux manuscrits qui y étaient conservés : on ne s'en étonnera pas, si l'on veut bien se rappeler que Bernard, prieur de Portes, fut en relations intimes avec S. Bernard et laissa un nom dans la littérature ecclésiastique du XIIe siècle [5]. Les érudits du XVIIe siècle connaissaient l'existence de ces manuscrits ; Chifflet s'en servit pour recueillir les variantes nécessaires à son édition de S. Fulgence [6]. Or, à la fin de ce siècle, le chapitre général de l'Ordre des Chartreux reprit un projet déjà discuté antérieurement : celui de faire rédiger les annales de l'Ordre. La bibliothèque de la Grande-Chartreuse se trouvait alors singulièrement appauvrie par suite des circon-

---

[1] N°s 490, 491 et 492.
[2] N° 494.
[3] N° 487.
[4] N° 988.
[5] *Patrologie latine*, t. CLIII. Voir aussi les lettres 153 et 154 de S. Bernard, adressées à Bernard de Portes. Cf. la *Notice sur la bibliothèque de la Grande-Chartreuse*, déjà citée.
[6] *Patrologie latine*, t. LXV, c. 116.

stances qui seront indiquées plus loin; voulut-on remplir les vides en prévision des travaux qu'on songeait à entreprendre, et crut-on trouver dans les manuscrits de Portes des ressources pour l'histoire qu'on revisait? Je l'ignore; ce qu'il y a de certain, c'est que dans les dernières années du XVIIe siècle, le prieur de Chartreuse, dom Innocent Le Masson, donna l'ordre de transférer à la Grande-Chartreuse bon nombre de manuscrits de la chartreuse de Portes [1]. Ces manuscrits, presque tous du XIIe siècle, contiennent des œuvres des Pères de l'Église. Voici la liste de ceux qu'il a été possible de reconnaître [2] :

N° 32 : Divers livres de la Bible glosés;
N° 40 : Évangile selon S. Jean, glosé;
N° 199 : La Cité de Dieu de S. Augustin;
N° 201 : Diverses œuvres de S. Augustin;
N° 204 : Diverses œuvres de S. Augustin;
N° 206 : Diverses œuvres de S. Augustin;
N° 218 : Diverses œuvres de S. Jérôme;
N° 220 : Commentaire d'Hésychius sur le Lévitique;
N° 230 : Diverses œuvres de Bède le Vénérable;
N°s 231, 232 et 235 : Diverses œuvres de Raban Maur;
N° 237 : Remi d'Auxerre sur les douze petits Prophètes;

---

[1] « La chartreuse de Portes, écrivait le Chartreux Bonaventure d'Argonne, a eu de tout temps la réputation d'avoir de fort bons manuscrits, dont bien des gens ont profité secrètement et à petit bruit. Pierre de Celles et quelques anciens auteurs sont sortis de cette bibliothèque. Le catalogue, à ce que j'en ai ouï dire, en est considérable; et il s'y trouve des livres qui, n'aïant point encore vu le jour, pourroient servir à perfectionner les éditions nouvelles de quelques écrivains ecclésiastiques. On nous assure qu'on avoit offert dix mille écus au prieur de cette chartreuse pour ses manuscrits, qui ont été transferez depuis quelques années dans la Grande-Chartreuse, où ils pourront demeurer longtems sans être connus de personne. » *Mélanges d'histoire et de littérature*, publiés sous le pseudonyme de Vigneul-Marville (éd. de 1700, Rouen, 2 vol. in-12), t. Ier, p. 70. Sur ce dernier point Bonaventure d'Argonne se trompait. On verra plus loin que les religieux de la Grande-Chartreuse communiquaient libéralement leurs manuscrits.

[2] Beaucoup de ces manuscrits portent l'*ex-libris* : *Iste liber est domus Portarum*, écrit vers l'an 1400. D'autres se reconnaissent à la mention de leur prix, en florins (*pretio novem florenorum*, etc.); comme cette mention a été apposée à un certain nombre de manuscrits revêtus de l'*ex-libris* de la chartreuse de Portes, on est amené à attribuer à cette chartreuse les autres manuscrits qui, sans avoir été marqués de l'*ex-libris*, présentent l'indication du prix écrite de la même main.

N° 239 : Rupert de Tuy sur les offices divins ;

N° 257 : *Scintillae,* attribué à Bède (compilation dont l'auteur est Defensor de Ligugé) ;

N° 262 : Recueil : SS. Césaire d'Arles, Eucher, Hilaire, Pacien, etc. ;

N° 275 : Recueil : S. Bernard, Isidore de Séville ;

N° 277 : Recueil de sermons : S. Augustin, Fulbert de Chartres, Bède, etc. ;

N° 346 : Traités sur le *Pater* et l'*Ave ;*

N° 380 : *Bonum universale de apibus,* de Thomas de Cantimpré ;

N° 453 : Sermons de Jean d'Abbeville et de Guillaume Perault.

Beaucoup de ces manuscrits sont du XII° siècle.

On le voit, la collection de manuscrits fondée par les premiers Chartreux s'est largement augmentée, tant par suite de libéralités [1] que du transfert à la Grande-Chartreuse de manuscrits provenant de divers couvents de l'Ordre [2]. Malheureusement, l'état des manuscrits chartreux, à la fin du XVIII° siècle, ne peut donner qu'une idée très imparfaite des richesses qui ont appartenu à la bibliothèque cartusienne. En effet, il ne faut pas l'oublier, la Chartreuse a été brûlée plusieurs fois : en 1320, en 1371, en 1473, en 1562, en 1592 et en 1676. Si, à diverses reprises, par exemple en 1371, les livres furent sauvés par le zèle intelligent des religieux, il n'en est pas moins certain que la collection des manuscrits dut être singulièrement réduite

---

[1] Parmi les libéralités, on peut citer le legs de manuscrits fait à la Grande-Chartreuse par Jacques Gigard, prêtre, mort à Grenoble, le 5 juillet 1766, *singularis amicus domus Cartusiae.* Par ce legs sont entrés à la Chartreuse les manuscrits n°ˢ 217, 263, 990.

[2] Il n'y a pas que la chartreuse de Portes dont on retrouve les manuscrits parmi les manuscrits chartreux. Divers manuscrits proviennent d'autres maisons de l'Ordre des Chartreux. Ainsi, le n° 5 vient de la chartreuse de Prémol; les n°ˢ 267 et 274, de la chartreuse des Écouges; le n° 404, de la chartreuse de Vallon; le n° 586, de la chartreuse de Seillon; le n° 113, de la chartreuse de la Lance, en Suisse; le n° 606, de la chartreuse de Vaucluse, dans le Jura; le n° 1170, de la chartreuse de Rome.

par le feu. Pour comble de malheur, en 1562, le célèbre monastère fut pillé et brûlé par les bandes protestantes du baron des Adrets; les archives des religieux devinrent la proie des flammes, et vraisemblablement les manuscrits ne furent point épargnés [1]. Si l'on veut bien réfléchir à ces vicissitudes, on s'étonnera de ce que la collection de la Chartreuse ait encore compté, à la veille de la Révolution, un nombre respectable de manuscrits dignes d'attirer l'attention des érudits.

De tout temps les manuscrits de la Grande-Chartreuse furent connus et estimés des savants; de tout temps les religieux les communiquèrent avec une libéralité digne de tous les éloges. On a vu plus haut comment, dès le XII° siècle, ils prêtaient à d'autres monastères les ouvrages contenus dans leur bibliothèque; cette tradition ne se perdit point. Il est possible de signaler divers personnages célèbres qui consultèrent ou publièrent des œuvres conservées en manuscrit à la Grande-Chartreuse.

Au XV° siècle, un humaniste, illustre entre tous, se servit de quelques-uns des manuscrits de la Grande-Chartreuse : je veux parler de Thomas Parentucelli, le même qui, plus tard, ceignit la tiare sous le nom de Nicolas V, et qui apparaît dans l'histoire comme le premier pape de la Renaissance et le fondateur de la Bibliothèque Vaticane. On sait que Thomas fut le protégé du savant Nicolas Albergati, d'abord Chartreux, puis évêque de Bologne et cardinal : tous deux étaient naturellement rapprochés par leur amour des lettres et leur goût pour les manuscrits. Or, à cette époque, se poursuivaient, entre Grecs et Latins, les négociations qui, quelques années plus tard, devaient aboutir au rétablissement de l'union qui fut l'œuvre du concile de Florence; Albergati, qui joua un rôle important dans ce concile, s'y préparait depuis longtemps par l'étude attentive des docteurs orientaux, et Thomas Parentucelli l'assistait de toutes les forces de son intelligence et de son activité. La bibliothèque de la Grande-Chartreuse contenait quelques manuscrits renfermant des tra-

---

[1] Voir sur ces vicissitudes de la Grande-Chartreuse l'ouvrage bien connu : *la Grande-Chartreuse*, par un Chartreux (dom Cyprien Boutrais).

ductions d'œuvres des Pères grecs. Se fiant sans doute à l'influence qu'Albergati avait dû conserver sur l'Ordre dont il avait fait partie, Parentucelli demanda aux religieux de lui en prêter deux ; les Chartreux y consentirent, à condition de ne se dessaisir que d'un seul manuscrit à la fois. Une lettre que Parentucelli écrivit de Bologne au mois de juin d'une année qu'il est difficile de déterminer, mais qui est certainement antérieure à 1435, prouve qu'il était alors en possession d'un manuscrit de la Grande-Chartreuse où se trouvaient réunies diverses œuvres de S. Basile (notamment huit homélies du S. Docteur), un commentaire de Rufin sur le Symbole, douze lettres de S. Ignace et une lettre de S. Polycarpe à l'église de Philippes [1]. Thomas ajoute dans cette lettre que les Chartreux lui ont en outre promis de lui communiquer un manuscrit contenant la traduction latine de S. Irénée contre les hérésies : nous savons que cette promesse fut tenue. En effet, le 11 avril 1438, le célèbre Ambroise Traversari, général des Camaldules, annonce à l'un de ses correspondants que Thomas Parentucelli lui a prêté, trois ans auparavant, ce traité de S. Irénée qu'il avait rapporté de son voyage au delà des monts : il s'agit sans doute du voyage effectué par Thomas en 1435, quand il accompagna en Allemagne et en France son protecteur Albergati, chargé de représenter le Saint-Siège au congrès d'Arras [2]. Thomas restitua à la Grande-Chartreuse les manuscrits qu'il lui avait empruntés : vraisemblable-

---

[1] Parentucelli s'exprime ainsi : « Ex coenobio Carthusiae gallicanae his diebus accepi unum ex duobus illis voluminibus quae tamdiu expectabamus : in quo Basilii octo homiliae sunt, ex graeco per Rufinum traductae, quae Basilianam illam gravitatem et eloquentiam sapiunt, et ejusdem libellus unus « de similitudine carnis et peccati », corruptus et inemendatus. Est et Rufini editio aut explicatio quaedam in symbolum egregia et prope singularis. Sunt et XII epistolae Ignatii, quarum in hystoria ecclesiastica meminit Caesariensis Eusebius. Est et una Polycarpi ad ecclesiam Philippensem. Reliquum volumen, in quo sunt Irenaei contra haereses libri quinque, nondum habere potui : habiturus, si promissis fides est adhibenda, eum hoc primum restituero. » (MEHUS, *Epistolae Traversarii*, lib. XXXV, ep. 3; t. II, c. 1046.)

[2] Lettre de Traversari : *ibid.*, lib. XIII, ep. 18, t. II, c. 626. Sur cet incident, cf. F. LOOFS, *Die Handschriften der lateinischen Übersetzung des Irenaeus.* Leipzig, 1888, in-8°, p. 76 et 77.

ment le n° 258 de la Bibliothèque de Grenoble, qui contient les homélies de S. Basile, conserve un débris du premier de ces deux manuscrits ; quant au traité de S. Irénée, il est mentionné dans l'inventaire de la bibliothèque de la Grande-Chartreuse, rédigé à la fin du XV° siècle, plus de soixante ans après la date à laquelle il avait été communiqué à Parentucelli [1]. Peut-être est-ce le même manuscrit qui, plus tard, comme on va le voir, donné ou prêté à Sirmond, ne revint plus à la Chartreuse et partagea le sort de la bibliothèque du collège de Clermont.

C'est surtout lors du mouvement d'érudition qui marqua le XVII° siècle, que les manuscrits de la Grande-Chartreuse furent utilisés par les savants, si nombreux alors, qui travaillaient à l'histoire des antiquités ecclésiastiques : pour ne parler que des plus illustres, Sirmond, Martène et Baluze eurent recours à la bibliothèque des Chartreux.

En 1612, Sirmond donna une édition du traité de S. Fulgence, *De veritate praedestinationis,* pour laquelle il avait eu recours au manuscrit de la Grande-Chartreuse ; ce manuscrit avait été étudié pour Sirmond par Nicolas Lefebvre, précepteur du jeune Louis XIII.

En 1614, fut publiée une édition des œuvres de S. Augustin où l'on inséra onze sermons inédits d'après un manuscrit de la Grande-Chartreuse.

En 1643, Sirmond tira deux publications encore inédites d'un manuscrit de Florus, le diacre de Lyon, qui contenait : 1° une exposition sur les Épîtres de S. Paul, extraite des ouvrages de dix Pères : SS. Cyprien, Hilaire, Ambroise, Pacien, Jérôme, Éphrem, Paulin, Léon, Fulgence et Avit ; 2° le traité de Florus, *De missa et aliis quibusdam expositionibus*[2]. Il publia d'abord les extraits de S. Avit[3], puis ceux de S. Fulgence (*Excerpta Fulgentii contra Fabianum*).

---

[1] Inventaire publié dans le *Bulletin de l'Académie delphinale,* 3° série, t. XX (1886), p. 354.

[2] *Patrologie latine,* t. LIX, c. 198 et s.

[3] *Ibid.,* t. LXV, c. 750 et s. On trouvera les préfaces de Sirmond, mentionnant

Quand, en 1693, Baluze publia ses *Vitae Paparum Avenionensium*, il donna des extraits importants d'un recueil contenant des pièces relatives au grand schisme, qui, après avoir appartenu à François du Puy, était ensuite passé dans la bibliothèque de la Chartreuse (n° 988).

Quelques années plus tard, dom Martène et son compagnon s'arrêtèrent à la Chartreuse, pendant le célèbre voyage littéraire qu'ils entreprirent dans l'intérêt de leurs travaux et de ceux de leurs confrères de la Congrégation de Saint-Maur. La relation de ce voyage s'exprime ainsi : « Quoique les incendies fréquentes (*sic*) qui sont survenües à la Grande-Chartreuse en ayent fait périr presque tous les anciens monuments, on ne laisse pas d'y trouver encore un nombre de manuscrits; mais ce n'est que par le soin du R. P. Le Masson, qui les a fait venir de la chartreuse des Portes [1]. » Comme on le voit, Martène exagérait l'importance des manuscrits de Portes transférés à la Grande-Chartreuse; à l'époque où il visita le monastère, il y avait encore bon nombre de manuscrits appartenant à l'ancienne bibliothèque de la Chartreuse.

L'année même où paraissait la relation du *Voyage littéraire*, dom Martène publiait son *Thesaurus anecdotorum*. Le tome V de ce recueil contient un sermon de S. Avit sur les Rogations, édité d'après un manuscrit de la Grande-Chartreuse, le n° 209 [2].

Sirmond ne s'était pas contenté de consulter ou d'emprunter les manuscrits de la Grande-Chartreuse ; suivant une habitude qui lui réussit souvent et contribua à enrichir la bibliothèque du collège de Clermont, il sollicita et obtint du Général des Chartreux, dom Juste Perrot, l'abandon de la propriété des manuscrits de Florus le diacre. Il est assez difficile de déterminer exactement les manuscrits qui sortirent de la Chartreuse à

---

l'usage qu'il a fait des manuscrits de la Grande-Chartreuse, dans l'édition de ses *Opera varia* donnée à Venise en 1728; t. II, c. 99; t. IV, c. 443.

[1] *Voyage littéraire de deux Bénédictins* (1717, in-4°), t. I, p. 251.

[2] *Thesaurus anecdotorum*, t. V, p. 49 et s. Le manuscrit 209 fut envoyé à dom Martène en 1703.

cette occasion : voici cependant les résultats auxquels il a été possible d'arriver.

1° Sirmond déclare, comme on l'a dit plus haut, que le manuscrit du diacre Florus, d'où il a tiré les extraits de S. Avit et de S. Fulgence, contenait, avec le commentaire sur S. Paul, d'où proviennent ces extraits, un traité sur la messe et d'autres institutions ecclésiastiques. En marge de l'indication de ce manuscrit dans l'ancien catalogue de la Chartreuse (rédigé à la fin du XV⁰ siècle), on lit cette note, écrite au XVII⁰ siècle, par un Chartreux : « Ces manuscrits furent donnés au R. P. Sirmond, Jésuite, par le R. P. dom Juste Perrot, comme j'ay veu dans une de ses lettres, à la réserve de son extrait sur les Espitres de S. Paul [1]. » J'ignore si cette réserve fut maintenue à l'égard de Sirmond, qui justement prit dans le commentaire sur S. Paul les extraits qu'il publia. En tout cas, aucun de ces ouvrages de Florus n'existe à Grenoble. On n'en retrouve pas non plus de trace dans le catalogue de vente de la bibliothèque des Jésuites du collège de Clermont. Cependant, d'après des renseignements que je dois à l'obligeance de mon confrère, M. Omont,

---

[1] Cette note a été ajoutée en marge de l'ancien catalogue de la bibliothèque de la Grande-Chartreuse, que j'ai publié dans le *Bulletin de l'Académie delphinale*, t. XXI (1886), p. 756. Voici comment y est coté le manuscrit de Florus :

« Extracta per Florum clericum super epistolas Pauli, ex dictis octo doctorum, scilicet Cypriani, Ambrosii, Theophili, Effremi dyaconi, Leonis pape, Fulgentii, Paulini et Aviti. »

« Collecta Flori, Lugdunensis archiepiscopi (*sic*), ex dictis diversorum catholicorum Patrum. »

« Liber secundus : Florus, de missa et de aliis quibusdam ecclesiasticis institutionibus. »

D'après une note écrite à la Chartreuse sur la garde du manuscrit n° 290 (liber de vera philosophia), les ouvrages de Florus auraient été détachés de ces manuscrits à la demande du P. Sirmond, « qui vint en Chartreuse en temps que le Roy vint à Grenoble. Cela est, ajoute l'annotateur, dans les lettres du R. P. D. Juste Perrot. » Ce renseignement ne s'accorde pas facilement avec les faits. Louis XIII vint à Grenoble en 1629 et 1630, mais Sirmond n'était pas encore son confesseur : vint-il alors à Grenoble? Il était vraisemblablement confesseur du Roi en 1642, quand Louis XIII revint par la vallée du Rhône, de l'expédition de Catalogne. Est-ce qu'alors Sirmond quitta le cortège royal à Valence ou à Lyon pour venir en Chartreuse? Cela s'accorderait assez bien avec la date de ses publications (1643). On voit en tout cas les difficultés que soulève cette note : peut-être faut-il simplement les attribuer à une méprise de l'annotateur chartreux.

ce manuscrit, entré dans la collection de Routh, a été vendu en juillet 1855, avec les autres manuscrits de Routh; il a pris place dans la bibliothèque de sir Thomas Phillipps, sous le n° 14036.

2° La note du Chartreux que je viens de citer indique que plusieurs manuscrits de Florus ont été donnés à Sirmond : cependant elle est placée en marge d'indications se rapportant (d'après le témoignage de Sirmond lui-même) à un unique manuscrit. Toutefois Sirmond signale la présence à la bibliothèque de la Chartreuse d'un manuscrit contenant les œuvres de S. Irénée, avec une préface de Florus : « *Operibus Irenaei praefixa est Flori praefatio cum epistola Agobardi.* » Ce manuscrit, le même qui, comme on l'a vu plus haut, avait été prêté, vers 1435, à Thomas Parentucelli, ne se retrouve plus parmi les manuscrits chartreux. Déjà il n'y était plus en 1740, comme le prouve le témoignage des écrivains de l'*Histoire littéraire*[1]. En revanche, sous le n° 436 du catalogue de vente des manuscrits du collège de Clermont, est signalé un manuscrit, attribué, plus ou moins exactement, au XIe siècle, «*in quo continetur opus S. Irenaei Lugdunensis episcopi contra omnes hereses* » (232 feuillets); ce manuscrit a passé du collège de Clermont dans la collection de Gérard Meermann et de là dans celle de sir Thomas Phillipps[2]. Le cardinal Pitra et M. Omont ont pensé que le manuscrit du collège de Clermont devait être le manuscrit de la Chartreuse, qui aurait pris place dans la bibliothèque des Jésuites, par suite de la donation consentie par dom Juste Perrot[3]. Toutefois, cette opinion a été récemment combattue dans un savant mémoire du docteur Loofs, qui considère le manuscrit de Clermont comme provenant de l'abbaye de Corbie[4]. Si cette hypothèse est exacte, il serait impossible de déterminer le sort du manuscrit chartreux.

[1] T. V, p. 235 et s.
[2] Renseignement communiqué par M. Omont.
[3] *Analecta sacra*, t. II, p. 189, note 1.
[4] Dr. Friedrich Loofs, *Die Handschriften der lateinischen Uebersetzung des Irenaeus*, p. 89 et suiv.

En tout cas, les manuscrits que Sirmond emporta de la Grande-Chartreuse ne furent pas nombreux. Les religieux de la Grande-Chartreuse ne se dessaisirent pas de leurs richesses, plus avisés que les religieux de certains monastères, notamment ceux de la chartreuse de Mont-Dieu[1] (au diocèse de Reims), qui abandonnèrent la plupart de leurs manuscrits. Ces donations inconsidérées, qui augmentèrent pour un temps la bibliothèque du collège de Clermont, n'ont eu, le plus souvent, d'autre résultat que d'enrichir les bibliothèques étrangères au détriment de nos collections.

En novembre 1790, la bibliothèque de la Grande-Chartreuse fut visitée par André Amar, président du directoire du district de Grenoble; François Royer de Champs, adjoint au directoire du district, et Louis Robert, sous-secrétaire. Le but de cette visite était de constater l'état de cette bibliothèque, qui, en exécution des décrets de l'Assemblée nationale, se trouvait désormais attribuée à l'État. Les commissaires du district, après avoir reconnu la présence d'un certain nombre d'imprimés (1,800 environ), constatèrent l'existence d'une collection de 338 manuscrits, rangés, avec les imprimés, dans une salle attenante à l'appartement du Général de l'Ordre, dom Hilarion Robinet. « Le catalogue desdits manuscrits, ajoute le rapport des commissaires, contient vingt-six feuillets par nous cotés et paraphés, le 24 du courant, et signés aux premier et dernier feuillets. Le Révérend Père Général nous a observé qu'il manque de ces manuscrits les n°s 230 *bis*, 236 et 237, qu'il ne sçait où ils sont, s'ils ont été prêtés ou enlevés, mais que s'il peut les recouvrer, il les rétablira dans leur ordre[2]. »

---

[1] Dom Bonaventure d'Argonne raconte, d'après le bibliothécaire de la Grande-Chartreuse, « homme sçavant, fort instruit des antiquitez de son Ordre », que les manuscrits de la chartreuse de Mont-Dieu ont été donnés à l'abbé Jacques de Billy, pour son frère, Jean de Billy, Chartreux de Bourg-Fontaine, et que cet abbé, après en avoir tiré ce qui lui plaisait, abandonna le surplus aux Jésuites. *Op. cit.*, t. II, p. 265.

[2] Procès-verbal conservé aux Archives départementales de l'Isère.

Bientôt les Chartreux sont obligés d'abandonner leur monastère; quelques religieux isolés ont grand'peine à y demeurer. Pendant l'été de 1794, un ci-devant Cordelier, Étienne Ducros, conservateur de la Bibliothèque publique de Grenoble, fut chargé par le district de se rendre à la Grande-Chartreuse, « pour recueillir la bibliothèque, tableaux et autres objets de sciences et arts qui pouvaient être dans cette maison [1] ». Ducros tomba malade à la Chartreuse et ne put s'acquitter de sa mission. Les tableaux ne furent transportés à Grenoble qu'en 1799; quant aux livres et aux manuscrits, ils paraissent n'y avoir été amenés qu'en 1803 [2]. Ils furent alors déposés dans l'église de l'ancien collège des Jésuites, où ils attirèrent la sollicitude de Fourier, alors préfet de l'Isère. Par un arrêté du 12 juillet 1803, Fourier, « considérant que tous les livres et manuscrits provenant de la Grande-Chartreuse sont arrivés », décide que ces livres et manuscrits « seront transférés de suite à la Bibliothèque publique de Grenoble pour y rester en dépôt, et qu'il en sera fait un inventaire ». L'inventaire fut dressé immédiatement, et les manuscrits chartreux furent versés à la Bibliothèque publique, dont ils suivirent depuis lors les vicissitudes [3].

III. — Les acquisitions nouvelles.

Depuis la Révolution, diverses acquisitions ont enrichi la collection des manuscrits de Grenoble. Pour achever l'histoire de la formation de cette collection, il convient d'énumérer les plus importants de ces accroissements.

Les acquisitions nouvelles peuvent se diviser en trois classes,

---

[1] Cf. Ed. Maignien, *la Bibliothèque de Grenoble*, p. 35. — *La Grande-Chartreuse*, par un Chartreux, 2e édition, p. 169, 188 et s.

[2] Ed. Maignien, *op. cit.*, p. 50.

[3] Presque tous ces manuscrits ont été reliés au XVIIe ou au XVIIIe siècle; plusieurs ont été préalablement dépecés. Les Chartreux avaient adopté une reliure uniforme, en basane, ornée de deux cadres de filets. C'est cette reliure qui est désignée dans notre catalogue sous le nom de reliure cartusienne.

suivant qu'elles ont pour objet ou des manuscrits d'un intérêt général, ou les manuscrits et papiers personnels d'un homme célèbre, originaire du Dauphiné, ou enfin des documents intéressants pour l'histoire de cette province.

I. Parmi les acquisitions de manuscrits de la première classe, il faut citer :

1° Les manuscrits achetés en 1843 par la Bibliothèque à la vente des collections du marquis de Pina, ancien maire de Grenoble. De cette vente proviennent l'Évangile de l'Enfance, manuscrit du XIV° siècle (n° 51); un traité médical du XVI° siècle, qui avait jadis appartenu à Nicolas Chorier (n° 776), et un autre manuscrit du XVI° siècle contenant deux discours latins et suivi de notes intéressantes pour l'histoire du Dauphiné (n° 877) [1].

2° Les manuscrits légués à la Bibliothèque par M. Augustin Blanc, savant grenoblois, mort en 1839. Outre une explication d'Isaïe et une traduction des Psaumes, du XVIII° siècle, on y trouve un certain nombre de manuscrits copiés à la même époque et relatifs à l'alchimie [2].

3° Le manuscrit de la chronique de Gilles le Bouvier, dit Berry, sur les règnes de Charles VI et de Charles VII. Ce manuscrit date du XV° siècle : il a été offert à la Bibliothèque de Grenoble, le 18 décembre 1851, par M. Eugène Faure, peintre dauphinois [3].

4° Enfin quelques manuscrits orientaux, offerts à la Bibliothèque par des voyageurs ou des missionnaires, notamment par M. Léon Roches, ancien ministre plénipotentiaire.

II. Les manuscrits de la seconde classe présentent une importance beaucoup plus considérable :

1° Après la mort de Barnave, exécuté à Paris le 29 novembre 1793, sa bibliothèque passa successivement aux mains de ses deux sœurs. La dernière, Claudine-Charlotte-Julie, mariée

[1] Voir sur ces acquisitions une note insérée par M. Gariel dans le *Patriote des Alpes*, 27 août 1843.
[2] Cf. n°s 61, 62, 819 à 824. Augustin Blanc a laissé à la Bibliothèque, avec une somme d'argent assez considérable, environ neuf mille volumes imprimés.
[3] N° 1007.

à Christophe-Étienne Saint-Germain, donna à la Bibliothèque publique, en 1829, dix manuscrits contenant les œuvres de son frère; ces œuvres ont été publiées par M. Bérenger (de la Drôme), en 1843.

2° En 1859, conformément à une disposition du testament de M. Renauldon, membre de l'administration préfectorale sous la monarchie de Juillet, la Bibliothèque s'enrichit de ses papiers personnels et de manuscrits provenant de son père, maire de Grenoble pendant toute la durée du Consulat et de l'Empire. Les papiers personnels de M. Renauldon peuvent présenter quelque intérêt pour l'histoire administrative et politique de la monarchie de Juillet [1].

3° En 1861, madame Crozet, veuve de M. Félix Crozet, ancien inspecteur des ponts et chaussées, décédé maire de Grenoble, donna à la Bibliothèque quarante volumes in-4° manuscrits de Beyle-Stendhal, originaire de Grenoble. Depuis lors, la Bibliothèque a acquis plusieurs volumes manuscrits du même auteur. L'ensemble des papiers de Beyle forme une collection intéressante, où se trouvent encore des fragments inédits [2].

4° En 1883, M. le comte d'Haussonville a fait don à la Bibliothèque des papiers de Mounier. On y trouve des œuvres philosophiques et littéraires et quelques documents concernant le rôle politique de Mounier [3].

5° M. E. Chaper, ancien député, a donné à la Bibliothèque divers manuscrits de Prunelle de Lière, maire de Grenoble en 1791, puis député à la Convention. Plus tard, Prunelle de Lière s'occupa d'études bibliques et hébraïques, auxquelles se rapportent plusieurs des manuscrits maintenant conservés à Grenoble [4].

---

[1] On y trouve aussi quelques manuscrits littéraires, par exemple (n° 931) les opuscules et contes de Dubois-Fontanelle, doyen de la Faculté des lettres de Grenoble.

[2] Nos 942 et suiv. C'est à cette collection qu'a été emprunté le *Journal de Beyle-Stendhal,* publié en 1888 par M. C. Stryenski.

[3] N° 960.

[4] Nos 69, 854, 855, etc.

6° En 1888, M. E. Chaper a fait don à la Bibliothèque des manuscrits philosophiques, littéraires et historiques de Servan, le célèbre avocat général au parlement de Grenoble, dont les discours et les écrits jouirent d'une si grande réputation à la fin du siècle dernier. Ce sont en général des notes sur feuilles volantes; on y trouve des recherches sur Montaigne, sur les révolutions dans l'histoire, et sur une foule d'autres sujets. Beaucoup de ces notes ont été utilisées pour la préparation de l'édition des œuvres de Servan en cinq volumes, donnée en 1825 par M. de Portets; quelques-uns des fragments qu'elles contiennent sont encore inédits.

III. J'en viens enfin aux manuscrits de la troisième série, c'est-à-dire aux recueils ou aux pièces isolées concernant l'histoire provinciale ou locale. Ces documents proviennent le plus souvent de la bibliothèque des Dauphinois qui ont cultivé l'histoire de leur pays : c'est en effet un trait tout à l'honneur du Dauphiné que le passé de la province y a toujours été étudié avec amour, et que de tout temps on s'est préoccupé d'en recueillir les monuments. Je signale brièvement les principales acquisitions réalisées de ce chef par la collection des manuscrits de Grenoble.

1° En 1820, Berriat-Saint-Prix remit à la Bibliothèque un manuscrit historique important du XV° siècle; je veux parler du registre Delphinal, rédigé par Mathieu Thomassin, sur l'ordre de Louis XI. Ce manuscrit était, avant la Révolution, conservé dans les archives de la Chambre des comptes[1]. Ce fut aussi Berriat-Saint-Prix qui fit entrer à la Bibliothèque divers documents manuscrits intéressant l'histoire de l'Université de Grenoble au XVI° siècle; ces documents étaient autrefois conservés aux Archives municipales.

2° En 1842, la ville de Grenoble, aidée par une subvention du Conseil général, acheta la bibliothèque de Jules Ollivier, né

---

[1] Berriat-Saint-Prix l'emprunta aux Archives : je ne sais pour quel motif le manuscrit fut rendu à la Bibliothèque et non aux Archives dont il avait fait partie.

à Valence et décédé en 1841, juge au tribunal civil de Grenoble. Ollivier n'avait cessé de réunir les matériaux de l'histoire du Dauphiné; à sa mort, il laissa de nombreux portefeuilles remplis de documents intéressants pour l'histoire de la province; tous entrèrent en 1842 à la Bibliothèque de Grenoble. On y trouve, sous ce titre : « *Bibliothèque historique du Dauphiné* », une série de 21 volumes manuscrits in-8° contenant « une nomenclature par ordre de matières de tous les ouvrages imprimés et manuscrits » relatifs à l'histoire du Dauphiné. Il faut citer encore un recueil factice en 18 volumes in-4°, où ont été recueillis, sous ce titre : « *Archives historiques du Dauphiné* », de nombreux documents imprimés ou manuscrits; enfin des recueils où figurent des copies de chartes et de pièces concernant toutes les périodes du passé du Dauphiné [1].

3° En 1844, M. Antoine Allard-Duplantier donna à la Bibliothèque une collection d'une importance capitale pour l'histoire du Dauphiné; elle avait été formée par un historien dauphinois, Guy Allard, qui y fit entrer beaucoup de documents provenant d'un autre historien de la province, Nicolas Chorier. On trouve dans cette collection : d'abord, une certaine quantité de pièces originales qui sont sorties des archives de la Chambre des comptes; ensuite, un grand nombre de notices et de copies de documents envoyées à Chorier par les érudits de son temps, notamment par Pérard (qui recueillit les pièces relatives à l'histoire de Bourgogne), par Ruffi, l'historien de Marseille, et aussi par Le Laboureur, le Chartreux dom Bual, Étienne Goyt, religieux de Saint-Antoine, les religieux de Savigny, Favier, camérier de Saint-Chaffre, et le président de Beauchêne; enfin, des généalogies données ou fournies à Chorier et à Guy Allard par les familles nobles de leur temps, ou présentées lors de l'enquête contre les usurpateurs des titres de noblesse [2].

[1] Voir sur cette collection le rapport présenté par M. H. Gariel, conservateur de la Bibliothèque de Grenoble, à une commission du Conseil général de l'Isère, le 17 septembre 1842.

[2] A. PRUDHOMME, archiviste départemental de l'Isère, *Rapport sur les archives départementales, communales et hospitalières de l'Isère*, 1886-1887, p. 7.

Un certain nombre de documents choisis dans cette collection ont été publiés par M. l'abbé Ulysse Chevalier [1].

4° En 1861, mesdames Hector et Léonce Blanchet, de Voiron, offrirent à la Bibliothèque des volumes reliés et une série de dossiers renfermant des documents historiques sur le canton de Voiron, recueillis par M. Hector Blanchet. « Ce recueil, dit M. Gariel, forme de véritables archives pour Voiron et les localités environnantes. »

5° En 1874, M. H. Gariel, alors conservateur de la Bibliothèque, céda à la ville de Grenoble sa riche bibliothèque personnelle. Elle contenait, entre autres choses, beaucoup de manuscrits et un nombre considérable de pièces d'archives qui vinrent alors accroître les collections de la Bibliothèque publique. Plusieurs de ces manuscrits offrent un intérêt général; mais la plupart se rapportent à l'histoire du Dauphiné.

6° Il faut signaler enfin deux acquisitions importantes qui ont été réalisées pour la Bibliothèque par M. Gariel.

C'est d'abord l'achat d'une collection très abondante de papiers provenant du château de Meffray [2]; ce château avait appartenu aux Guigou de Chapolay, dont plusieurs furent intendants de la famille de Lesdiguières. Beaucoup de ces papiers présentent pour l'histoire un véritable intérêt.

En second lieu, le même conservateur a acquis les registres de correspondance de Vidaud de la Tour, d'abord procureur général au parlement de Grenoble, puis premier président lors de la création du parlement Maupeou.

Telles sont les plus importantes des diverses collections manuscrites qui sont entrées en bloc dans la Bibliothèque de Grenoble depuis le commencement de ce siècle.

Là ne se bornent pas les acquisitions de manuscrits réalisées par cette Bibliothèque. L'intelligente libéralité d'érudits dauphinois ne cesse de l'enrichir de manuscrits précieux. Au premier rang de ces généreux donateurs figure M. E. Chaper; il n'est

---

[1] *Bulletin de la Société de statistique de l'Isère*, 3ᵉ série, t. VI.
[2] Sis à Biviers, canton de Grenoble.

que juste de mentionner aussi, dans le passé, M. de Rochas, et parmi les contemporains, MM. Aristide Albert, le docteur Marjolin, et Edmond Maignien [1].

En résumé, si l'on néglige les détails, il est facile de constater que les manuscrits de la Bibliothèque de Grenoble procèdent, comme on l'a dit, de trois sources. On y trouve en effet :

1° Les manuscrits de Jean de Caulet, c'est-à-dire les manu-

[1] A côté des enrichissements, il faut mentionner un regrettable appauvrissement. Un rapport, rédigé en juillet 1849, constate la disparition de sept manuscrits; plusieurs, sinon tous, ont été dérobés par Libri. Voici la liste de ces manuscrits, telle qu'elle est indiquée par le rapport.

Manuscrits de la Grande-Chartreuse.

1° « Les quatre Évangiles, in-4°, manuscrit du XII° siècle, orné de miniatures » (n° 27 du catalogue).

2° « Pauli Orosii historia; ejusdem liber apologeticus; historia persecutionis africanae edita a sancto Victore; historia Longobardorum, edita a Paulo Diacono », in-4° ou petit in-folio, XII° siècle (n° 338 du catalogue). Ce manuscrit, qui contient l'histoire d'Orose contre les païens, son apologie, l'histoire de la persécution d'Afrique et enfin l'histoire des Lombards par Paul Diacre, est signalé par Haenel comme présent à la Bibliothèque de Grenoble (*Catalogi*, 1830, p. 169). Il a été volé par Libri, et est passé dans la bibliothèque du comte d'Ashburnham. Pour détourner les soupçons, Libri y a ajouté cette inscription, en caractères du XV° siècle : *Est S. Joannis in Valle*. Ce fait a été établi par M. Zangemeister, qui a édité Orose dans le *Corpus scriptorum ecclesiasticorum latinorum*, publié par l'Académie impériale de Vienne (t. V de la collection, 1882, p. xxxv), et signalé par M. L. Delisle, *Notice sur les manuscrits du fonds Libri conservés à la Laurentienne de Florence* (extrait du t. XXII des *Notices et extraits des manuscrits*), p. 107.

3° « Miscellanea, manuscrit latin-français; un rudiment du blason; conférence spirituelle sur la messe » (n° 366 du catalogue).

4° « Lettre de l'abbé de la Trappe au maréchal de Bellefond sur le jansénisme », in-4°, XVII° siècle (n° 366 du catalogue).

Manuscrits provenant de l'ancienne bibliothèque de la ville.
(De la bibliothèque de Caulet.)

1° « Ouvrage latin sur des personnages illustres de l'histoire ancienne et moderne. » Manuscrit du XV° siècle (n° 128 du catalogue).

2° « Pour convertir à l'Église ceux qui s'en sont séparés », in-12, XVII° siècle, vélin, doré sur tranches, maroquin rouge, vignettes (n° 180 du catalogue).

3° « Vieux roman de chevalerie, in-fol., XIV° siècle, vélin, lettres initiales coloriées. Il est question de la reine d'Aragon, du comte de Provence, de Laurin et de plusieurs autres chevaliers » (n° 373 du catalogue). — A en juger par ces indications, ce pourrait être le roman de Cipéris de Vignevaux. Cf. *Histoire littéraire*, t. XXVI, p. 20 et suiv.

scrits d'une grande bibliothèque formée par un amateur intelligent et riche (comme il y en avait tant au XVIII° siècle), qui, sans se laisser guider par un principe exclusif, donna à sa collection un caractère presque encyclopédique;

2° Les manuscrits de la Grande-Chartreuse, débris encore respectables de la bibliothèque d'un monastère fameux, qui avait joui au moyen âge d'une réputation méritée;

3° Les manuscrits provenant des papiers des hommes célèbres du Dauphiné ou des collections des érudits dauphinois.

De ces trois sources, les deux premières sont maintenant taries. En effet, l'entrée dans la Bibliothèque publique de collections de manuscrits telles que celle de la Grande-Chartreuse est due à des circonstances politiques tout à fait anormales. D'autre part, il n'existe plus guère de bibliothèques d'un caractère général, comme celle de Jean de Caulet; les bibliothèques de notre temps présentent plutôt un caractère spécial. Il n'y a donc plus lieu de croire qu'on verra nos bibliothèques de province s'enrichir d'une collection de manuscrits d'un intérêt général, tels que ceux de Jean de Caulet.

Ainsi, c'est de la troisième source qu'il convient d'attendre, dans l'avenir, les accroissements de la collection des manuscrits de Grenoble. Elle se développera régulièrement par l'acquisition des papiers d'hommes célèbres appartenant à la province, ou des documents, si recherchés des collectionneurs, qui intéressent le passé du Dauphiné. N'est-ce pas, d'ailleurs, en recueillant et en conservant les éléments de l'histoire locale que nos bibliothèques de province rendent les plus précieux services à l'histoire générale du pays[1]?

---

[1] Au moment où ces pages sont près d'être livrées à la publicité, mon confrère, M. Omont, a l'obligeance de me faire parvenir une description sommaire du manuscrit 14036 de la bibliothèque de sir Thomas Phillipps. Ce manuscrit, comme on l'a dit plus haut, fut donné à Sirmond; il est sorti de la Grande-Chartreuse avant 1643. (Cf. p. xxvii.) La description de M. Omont me suggère une observation que je crois devoir communiquer au lecteur :

Le manuscrit donné à Sirmond porte encore les anciennes marques de la Chartreuse, analogues à celles dont deux spécimens ont été reproduits dans le Catalogue rédigé par les soins des Chartreux vers l'an 1500 et publié récemment dans le *Bul-*

letin de l'Académie delphinale (année 1886, 4ᵉ série, t. 1). Or ces anciennes marques ont été souvent effacées sur les manuscrits qui, après avoir été conservés à la Chartreuse jusqu'à la Révolution, ont ensuite été transporté à Grenoble. Cela tient sans doute à ce que les Chartreux, à la fin du XVIIᵉ siècle ou au commencement du XVIIIᵉ siècle, introduisirent dans leurs collections un nouveau numérotage qui leur permit de ne plus tenir compte de l'ancien.

C'est d'ailleurs vers la même époque que les manuscrits de la Grande-Chartreuse ont été déreliés, puis reliés à nouveau. Cette opération ne fut pas effectuée sans entraîner le rapprochement de certains ouvrages autrefois séparés, et la séparation d'autres ouvrages autrefois rapprochés.

Ainsi, depuis la fin du XVᵉ siècle, les manuscrits chartreux ont subi une nouvelle classification et une nouvelle reliure.

PARIS

TYPOGRAPHIE DE E. PLON, NOURRIT ET Cie

Rue Garancière, 8.

www.ingramcontent.com/pod-product-compliance
Lightning Source LLC
Chambersburg PA
CBHW060506050426
42451CB00009B/836